NOUS SOMMES TOUS
DES SAUVAGES

José Acquelin
Joséphine Bacon

NOUS SOMMES TOUS
DES SAUVAGES

MÉMOIRE D'ENCRIER

À Michel Depatie, pour l'intuition
À Laure Morali, pour la naissance

Le chaman est celui qui mène le noir au jour.

Bibitte

On ne sait trop comment mais est poète celui qui, partant du peut-être, arrive partout au cœur du nulle part, dans l'à-quoi-bon du pourquoi et du futur qu'il appelle sans complexe le poème de l'infini.

Joë Two-Spirits

Le sorcier est à point quand il s'est ensorcelé.

Malcom de Chazal

AVANT NOUS

j'attends un commencement
qui ne peut finir

l'accusation brève culpabilise
le sauvage que nous sommes

vous souvenez-vous de ceux
qui seront après vous ?

dans l'éclat de vos rires-larmes
se trouve

notre poésie

José
Joséphine

mes os ont mal
frémissant du manque de mots
une douleur se fige
sans pouvoir raconter
qu'un hier lui échappe
je rêve d'un seul récit
qui dicterait sans faute
toute une vie vécue
tu ne me regardes pas
tu ne me vois pas
tu ne m'entends pas
tu ne m'écoutes pas
tu ne me parles pas
tu es ici en conquérant de ma Terre
tu m'emprisonnes dans ma Terre
tu me prives de mon identité
tu me prives de mon territoire
tu m'enchaînes dans des réserves que tu as créées
tu veux être maître de mon esprit
qui suis-je ?
tu ne me connais pas
tu m'appelles : Montagnais
tu m'appelles : Cri
tu m'appelles : Tête de boule
tu m'appelles : Algonquin
tu m'appelles : Naskapi
tu m'appelles : Abénaki
tu m'appelles : Micmac
tu m'appelles : Huron
tu m'appelles : Iroquois
tu ne connais pas mes légendes
tu ne connais pas mon histoire
n'attends pas que je me fâche telle une tornade
n'attends pas que je me libère de mes chaînes

Joséphine

je vis donc je pille l'en-soi le cru et l'enfui
je meurs donc je suis utile à ce qui ne se voit pas
quelque chose a toujours été sans forme ni lieu
qui lie ce qui vit à ce qui ne dépend pas de la vie

le pile de l'amour ne cache pas sa face mortuaire
nous ne venons pas d'aussi loin que ça
nous n'allons pas aussi proche que l'ici
chaque jour est l'héritier de la nuit

nourriture et pourriture les deux mamelles de l'être
buvez la pluie mangez la neige
pissez le ciel qui vous a pleurés
chiez la Terre qui vous a potelés

le sang coule d'un sein de feu
le lait calme l'ombre d'en dessous
le sperme excède l'ovule fébrile
la bave secrète la sanie en route

la matière babille l'esprit déshabille
il y aura encore beaucoup à suer
pour ne plus fléchir devant le verbe tuer
les petits sachems et les grands méchants

renversez la lampe liquéfiez la lumière
cet univers d'oxygène et d'hélium
se fiche du film qui nous carbonise
l'amertume file un fiel suranné

les flibustiers de l'âme dorment dans un arbre
qui accepte les pulsions de l'abeille en miel
la chair de caribou le pergélisol de l'origine
et le glaciel de nos dérives épicées

on les entrevoit parfois sans parfum
là où les sens échappent aux directions
aux outardes folles et aux rorquals volants
au centre de la pierre sans socle

suffit
le pêne et la gâche
le gain et la pêche
le filet et le miroir

déharnachez-vous dissipez-vous
nul n'échappe à la ligne et à la lune
le soleil montre l'âtre en l'air
l'être regarde la fumée

chantez ce qui vous tue
étanchez ce qui vous abreuve
il ne s'agit pas de rester
pas plus que de s'en aller

rien ne se crée rien ne se perd
pères et mères jouent à la roulette
qui connaît l'istourlet reliant un pôle à l'autre
et qui ne daigne se poser que pour flotter

des lumières grafignent la tranche de la galaxie
des êtres s'allongent dans le sable
pour mourir à leur verticalité
et ne plus ronfler de savoir

quoi que ce soit

José

je te retiens
tu t'en vas
il y a des corps pour se perdre
mes rêves sont des trous noirs
au plus profond
de mon être

Joséphine

même si je suis de peau blanche
je ne crois ni à la peau ni au blanc
même si tu es de peau rouge
ne crois-tu qu'à l'épiderme
qui couve un feu sans mal
oui parlons-nous
que mon passé fût arabe et géométrique
que ton territoire fût vierge et généreux
que l'espace-temps joue ou non aux échecs avec nous
l'avenir est un pays imprévisible
il n'aura pas la mémoire de nos limites
il se souviendra peut-être maladroitement
dans une autre langue de nouvelles formes
du dépassement de nos cœurs
vers un idéal simple
j'allais dire naturel
avant et après toutes les cultures
la Terre des hommes se passe des hommes
la Terre n'a été et n'est que par le soleil
qui lui est une étoile naine déclinante
dans l'orphelinat de l'univers
où tout dépend de tout
sans même sans douter
alors qu'y pouvons-nous
si ce n'est un cœur opiniâtre
sans opinion déboisante
un cœur aussi vindicatif et frais
que la rosée de chaque larme
sur le volcan de l'humanité

José

le ciel obscur me retient
dans l'absence
je m'éloigne de moi
la nuit retient mes rêves
dans un monde où
petit à petit
des images saintes
sans consolation
me perdent
toi le jumeau
passe-moi tes mots
qui donnent le pardon
sans consolation

Joséphine

ne regarde pas l'homme
transperce-le jusqu'à ses origines
vois au travers de ses contorsions
l'enfant qu'on a disjoint ou tué
et tu liras dans tel politique
le prof qui l'a puni ou gonflé
dans tel scientifique minutieux
l'incompris contemplatif
dans tel artiste la muselière imposée
dans tel bandit l'insulte quotidienne
dans tel simple l'affection anesthésiante
l'homme est un ricochet de sa petitesse
ou le servile démuni de son éducation
il fait ce qu'il n'a pu faire
il défait ce qui l'a contraint
ou il obéit à l'anneau de la peur
qui l'enclot dans le panurgisme
l'homme n'est qu'un enfant
qui n'a jamais pu oublier
l'obligation de la peau
les limites du vocabulaire
le sens inique de sa naissance
et la quadrature de son cœur

José

jusqu'au bout de la vie
le moment est le moment
toi mon frère
tu installes des mots
parfois tristes parfois joyeux
ils dictent les amitiés fidèles
aucun sort ne les tue
les aurores rouges sont jalouses
de l'éclipse qui a fait
le tour de la Terre
avec toi

Joséphine

nous sommes tous des sauvages
nous méritons tous une cure de poèmes
que la Terre garde encore en réserve
c'est la résistance des derniers sangliers
contre l'armada des cochons guerriers
c'est la réponse des temps en dedans
à la question du territoire saccagé
chaque âge a ses épreuves
chaque instant montre ses dents
face aux prédateurs du monde entier
nous sommes tous des moustiques ployés
sur le pare-brise du ciel
nous sommes tous des sauvages
serrés les uns contre les uns
réduits par les autres en nombre
nous sommes nus et un
dans le même bateau
dans le même radeau
nous sommes tous des rôdeurs
d'un seul cœur
écroué

José

reviens-nous
écorce sacrée
des canots anciens
que mes grands-pères
soulèvent avec fierté
déposent sur leurs épaules
pour rejoindre
la veine de la Terre
qui s'émoustille
en les attendant

Joséphine

(En passant par la Romaine
mais ceci n'est pas une chanson)

à la pointe de l'Isle des Sables
qui va devenir le désert des électrifiés
la nature a installé quelques miroirs d'en haut

te voici là ici à Nékawministok
tu voulais venir à la rencontre
des récits que les aînés t'ont contés

blessée à chaque fois qu'on blesse la beauté
tu retournes aux cascades de ton rire
toi aux yeux qui encerclent le ciel

aujourd'hui tu es l'aînée des temps des tiens
tu as l'âge où l'on ne peut plus
te donner un âge

Shushe dit : nous sommes arrivés à ce point
où la Terre se débarrasse de nous
on lui a trop coupé les veines

tu me dis : la brume plonge la mer s'élève

José

une nuit de rêve
j'ai vu le vent
danser
j'ai vu mes jupes
danser à l'unisson
d'un souffle
c'est ici qu'on voit
l'immensité de la Terre

Joséphine

les débarquois ne sont plus les mêmes
mais nous avons encore faim de tout
ce qui nous fait sentir nous

j'ai vu à Baie-Éternité
de gros et grands œufs minéraux
qui couvent le sable de leur destin d'humilité

oui chaque être est un pays
peuplé du bois de ses os
ventilé par l'illusion des mots

je m'abandonne au hamac de la mer
à l'arrêt des questions
au huard qui yodle

José

ce soir une pensée
tourne se retourne
une rivière te purifie
ta pureté s'élance dans un appel
seul l'écho a murmuré
le poème qui te ressemble
peu de mots te racontent
il suffit de te connaître

Joséphine

dis-moi dis-moi
quel est ton esprit ?
allo allo au ciel au ciel
ici Jo two-spirits
je t'écris du point de rencontre et de soulèvement
de deux plaques tectoniques immenses
alors que l'électronique n'existait pas
que le vol des aigles n'écrivait rien
aux yeux de leurs proies ou des humains
je t'écris d'une fraction du temps
pour additionner mon nuage d'être
aux brises de ta voix sans maître
par-delà le brouhaha de l'époque
en-deçà l'énervement des pouvoirs
y'en a marre d'être agités par les agisseurs
don't excuse me sir
l'amitié est un raccourci que les réalistes flouent
dommage pour eux qui damnent leurs peurs
quelque chose se passe qui ne passe pas
et même si je suis entre les manies de la matière
les filons de mes os sont transmutés
par l'appel de phare de tes yeux
inventés par la lumière

José

j'observe tes gestes
saisissant
le chasseur de mots que tu es
je hurle
mon cri rejoint les échos
au loin
un loup est jaloux

Joséphine

toute vie se fatigue vite d'être
un brouillon dans le brouet des siècles
la parole colonise ceux qui ne l'ont pas
le silence torture ceux qui en sont incapables

beaucoup d'oiseaux attendent
la fin de la pluie des mots
et la résurrection des vers de Terre
pour clore le bec à leur faim

José

ma mémoire aime parfois
que l'aube arrive
pour avoir des raisons
d'être absolue
retrouver l'au-delà
je refuse
d'être bannie
de ce monde

Joséphine

bref savourer la vie
c'est aussi labourer la mort
pour mieux se débourrer la cervelle

ou simplement venir au soleil
pour mieux se liquider
dans un nuage

ou n'être rien d'autre
que tout ce qui n'est pas soi
une chaise un quêteux
un quartz sauvage
une bricole

plus modestement
j'apprécie l'invisible
depuis qu'il me lime
les angles

José

j'ai vu des horizons
que je n'ai pas atteints
des aurores
m'attendaient ce matin
je te cherchais
et tu n'existais pas
maintenant je vais
où l'on t'a vu
tu n'échapperas plus
à mes songes
je te retrouve
dans un rêve
qui nous rassemble

Joséphine

trop de frontières sonnent faux
certains arbres ont des plumes
le soleil est attiré par d'autres étoiles
l'univers n'a jamais été un ermite

on peut en voir qui s'habillent d'air
qui parlent la langue des vents
comme les corbeaux à l'ouest de l'ouest
plus intelligents que bien de beaux corps

on peut se remonter la civilisation
d'autres se ravalent la vitrine
mais reste que le savoir-mourir
n'est pas donné à tout naître

on ne changera pas la clôture des dents
par doux filtre de gentillesse
mais on redira que la guérison
peut passer par la griffe de l'acuité

chaque œil recommence le ciel
chaque ciel reçoit sa vision de l'œil
quand l'iris est passeur de l'arc-en-ciel
la sapience abolit les douanes

l'invisible nous fait visibles
avant que nous ne le voyions
l'imperceptible nous incarne
bien après notre disparition

José

j'aimerais passer des mots tendres
attraper la parole
marcher sur le nuage
accueilli par la mer
m'envoler avec l'azur
revoir ces yeux
ce regard partagé

ce soir je rythme mon cœur
au son de mon cœur
sans artifice
des pas de danse m'envahissent
je m'abandonne à cette musique
le diable est là
il nous attend

ce soir je trouve
que l'œil est inspirant
bras tendus tu m'accueilles
sans endroit réel
je te suis
jusqu'au bout de ton âme
qui réclame une paix
qui n'existe que dans l'œil
de l'aigle auquel tu rêves

tu n'appartiens à aucune race
deux dans deux tu es
la trinité d'un dieu
je te vois dans une vision
tu es le détail
qui inspire une vie
qui approche l'infini
que tu racontes

je t'écoute
pour t'avoir entendu
je te vois
pour t'avoir regardé
le vent me conduit
toujours vers ta voix

Joséphine

cette nuit un vent est passé
il a joué de la flûte avec la fenêtre
il a glissé plein de lettres invisibles
par la fente de la porte d'entrée
il est parti avec une table du voisin
sans laisser la moindre explication

pourquoi se demander pourquoi
sur de tels gestes gratuits ?
qui comprend ce que fait
mange écrit ou chante
l'air qui se déplace
en oiseau bruyant
mais qui reste
sans nom ?

le chemin ne bouge ni n'avance
après on dira ce qu'on voudra
sur l'immobilisme des rumeurs
sous le silence de la vitesse
le mystère à pieds de la Terre
nous tourne vers le ciel passant
pour nous offrir la sérénité
de l'inutilité
de soi

José

neuf lunes
ont fait un cercle
je n'ai pas vu la toundra
avec ou sans toi
pourtant je sais
les animaux se taisent
pour ton repas du soir

Joséphine

le soleil me fume
quand la plume m'incendie
le sang devient vent quand
il pousse le nuage de la peau
dans l'outremer du ciel
et les racines des étoiles
vois il n'y a pas d'autre école
que la disparition épanouissante
du paquet de viande
de la mélancolie des os
et des rubans des muscles
on ne se lève plus
quand on ne dort pas
face aux liserons d'octobre
et aux mouches d'un été
aussi indien qu'une âme
autant libre de vivre
que de mourir

José

j'ai tant marché
la Terre reconnaît le son
de mes pas
le Nord, le Sud
m'ont prise
dans leurs bras
ont soulagé mes pieds
Grand-père l'ours
a partagé ses petites baies
d'est en ouest
mes bâtons
à message et moi
avons vieilli
dans l'usure des peaux
je suis le Nord

tu es le Sud
nous sommes l'Est du réveil
j'éloigne l'Ouest
qui me prive de mon ami
tu es l'eau de mon amitié
je suis le feu de ton amitié
tu me conduis dans un pré
où tu m'offres les directions
je m'enracine dans l'ami
que tu es

Joséphine

au sud
ils portent le poids du soleil
comme jamais nous ne saurons
la lenteur n'est pas indolence
elle est le pas de l'étoile

au nord
lestés qu'on est par notre cervelle
nous nous noyons dans nos lunes
la nervosité n'est pas vivacité
elle fait une neige de nos peaux

José

la Terre me donne
des enfants
le monde
autour me presse
de les amener
dans les territoires
ne pas les laisser mourir
là-bas
leur rire
se perpétuera

Joséphine

ici je deviens innu inouï
la voix devient un des vents du corps
fais attention à ce que tu lui fais porter
Saraha l'orienté disait :
    « Ce n'est que libre de parole
    qu'on fait tourbillonner les paroles »
nous sommes « shimens » des allumettes
des « shimenoïdes » en mutation spontanée
et là où il y a une pointe bleue
je t'entends toi la jumelée qui dit :
    « si je suis là, j'irai »
tu m'offres un collier avec une griffe mashk
une griffe d'ours pour aiguiser l'acuité
je dis : « tsinashkumiten »
merci en sachant recevoir
la lumière du lac gelé
l'alphabet des corneilles
la syntaxe des aigles
et le silence des étoiles
quand je leur fais offrande de mes poumons émus
toute chose qui devrait parler aux humains
innément immensément
pour mieux les relier

José

je suis vivante
je ne renonce pas
à mon histoire
mon cœur murmure
ses souvenirs
je marche vers
mes origines
les peaux de tambour
me guident

tes mots m'atteignent
seule une mélodie silencieuse les entend
musique maestro
donne le souffle de l'air
dans les battements des cœurs
de l'humanité sourde

Joséphine

un jour passe à un autre
en passant par la convention nocturne

les étoiles scintillent en porteuses
d'un feu inutile aux yeux perclus

la vaillante chouette se tient là
prête à être empaillée par l'oubli

mais elle est veillée
elle n'est pas encore déplumée

le cap de la bonne désespérance
n'est pas encore franchi

une rumeur navigue contre temps et tarés
concernant la solitude des solitaires

une Indienne viendra les yeux mûrs
qui changera les bâtons en messages

qui saura ce que la sagesse ne sait pas
pour avoir passé par l'ivresse de la dépossession

et cette terrienne dira sans jugement
la promesse d'infini dans la paresse du fini

que rien ne pourrit pour rien
que les passeurs de rêves ne dorment jamais

on ne chôme vraiment pas
au pays des détachés

et même si ça ne paraît pas
ça ne disparaît pas pour autant

je le tiens de source sûre
mais jamais amère

il n'y a pas de poème
sauf la vie

José

elle est cendrée
cette chouette qui perce
ton regard
je me tiens immobile
j'écris un poème
sans vanité
un miroir reflète un ami
aux mots certains
heureux d'avoir donné
aux sans-retours
de la reconnaissance

Joséphine

en t'attendant
je regarde le soleil blanc de janvier
j'entends l'aboiement éraillé d'une corneille
j'expire une galaxie de ma cigarette
les chênes en face n'ont pas encore
perdu leurs feuilles de bronze
l'époque en est encore à l'ère du faire
si nous avons connu le fiel et le miel
nous restons naïfs et lucides
devant chaque poème neuf
qui nous traverse
avec des mots agiles
mais moins graciles
que l'esprit de ce qui nous guide
vers un silence unifiant

José

au loin un horizon
une mer bleuit le ciel
un aigle laisse tomber une plume blessée
une rivière agonise
un canot me conduit
à la rencontre des récits des Anciens
j'écoute le silence inquiet
Papakassik crie sa douleur
une mousse verte jaune et rouge
essuie ses larmes
Missinak[u] s'empoisonne
d'inhaler l'essence que délestent
les oiseaux de fer
le rythme du cœur
de la Terre ralentit
dans mon désespoir
je rêve d'éloigner le glas des miens
je sais que c'est dans l'impossible
que je trouverai le possible

Joséphine

sans guerre le sang est une grenadine
chaque âge réinvente son enfance
celle qu'il n'a pas eue
celle qui l'a eu trop

les vraies choses demeurent sans tempes
les lunes soignent leur jungle
les ongles guériront par les tendresses
que les mots poseront dans une feuille

les pierres manquent de lectrices
quand je vois la liberté de ma mort
je sens que les nombres n'ont pas raison
d'empêcher le zéro de se taire

José

prête-moi des synonymes
j'ai les mots mystères du chaman
tu m'accueilles dans un songe
où une Terre t'observe, m'observe
sans jour, sans nuit
seul l'espace nous déplace

Joséphine

l'oiseau sort de sa cage
aucun soir ne refuse la nuit
je donne la couleur de mes yeux
à ce que je vois depuis tant de vies
je me dois à cela pas moins
les nerfs ne sont plus dans mon optique
je me quitte avec joie enfin
on ne perd rien à ne rien gagner
certains appellent ça la liberté
je porte des fleurs jaunes sous la lune bleue
la peau ne leurre que les peureux du néant
la douceur effraie les purs et durs
qui ne peuvent franchir leur fureur
je vais donc je ne puis plus être
ainsi ne commence plus quoi que ce soit
l'espace est si faste que
l'éternité y gaspille son temps
il est parfois salutaire
d'envoyer promener le langage
dans le silence de la beauté

José

tu es le frère aîné
tu es grand-père
je t'ai écrit, je m'écris
tu me donnes une histoire
mon histoire
un sens du monde dans une forêt vive
tu es dans ma mémoire
ma richesse tu me l'offres
tu n'es pas un mythe
tu es la suite du monde
tu l'éternises

Joséphine

j'aime pour tuer la mort
je n'ai pas besoin de mourir
pour sentir qu'on m'aime

la mort ne sert à rien
si la vie cultive le faux
le vrai commence là où
il n'y a pas de certitude

l'origine et la fin nous cernent
dans la prison des regards
que nous posons sur elles

il n'y a ni mur ni plafond
ni haut ni profond
dès qu'on n'attend plus
rien de soi ni du monde

tant d'univers passent en nous
plus lentement que la frénésie
de notre armure

José

je ne te raconte pas toujours
mon histoire
Nishtatik^u mon frère aîné
m'a donné le sens du monde
Tshakapesh mon frère cadet
m'a donné la protection
Nishtatik^u est parti
on ne sait où
Tshakapesh est parti
sur la lune
jouant à la balle
avec les étoiles
tu es mon conte
tu m'écris des mots magiques
imprégnés de musique
le son soigne
mon âme

Joséphine

regarde ne garde rien
vois révise tout
hier est accompli
demain vit d'aujourd'hui
maintenant brûle d'un indéfini
il avoisine autant l'infime que l'infini
le petit est vaste l'immense est peu

dans le cercle du zéro
l'amour les porte
sans distinction

José

devant moi un nuage
se laisse bercer
un vent doux
lui raconte
un jadis précieux
une Terre se moque
de toi, de moi
sachant telle une mère
que nous réclamerons
son sein
pour soulager notre
démesure

Joséphine

face à la lune
me voici héliophage
sous les étoiles
je deviens photovore
dans la solitude
je privilégie le fluo
en amitié je suis reflet
en amour je suis eau
il n'y a que sur Terre
où le mystère me délivre
du temps à défaire

José

une fourche dans une rivière
un courant bifurque
l'écorce de ton canot
avance avec confiance
la pagaie nous conduit
vers des eaux calmes

Joséphine

le héron libère l'espace
entre l'air et l'eau
faisant planer la cendre
dont il assume la couleur
prêtée par la lumière

José

je ne suis pas allée
à la rivière
l'aigle m'attendait
le saumon s'échappait
de mon filet tendu
à mon tour, je m'échappe
et la nuit m'offrira des étoiles
aux longues chevelures

Joséphine

tout arbre est
un ivrogne des nuages
élevé au bar
de la lumière

José

je cherche l'horizon
urbaine je rêve
d'une neige immaculée
je ferme les yeux
tout est noir
devant moi
s'avance mon grand-père
droit fort rieur
il me tend
des raquettes ornées
de laine rouge
j'ouvre les yeux
j'ai vu l'horizon

Joséphine

tu me dis
ne ronge pas ton crayon
mange une tête de castor
crée un bijou avec les dents
admire le crépuscule
tout en pelures d'oranges
et tu seras sans pépins
jusqu'à la fin de tes nuits

un enfant viendra alors
il te soignera de ta grandeur
nos os danseront sur un chant indien
que n'a pas oublié le sang bleu du ciel
nous descendrons ensemble et d'emblée
avec nos absences passées
et nous allumerons la bougie de nos voix

nous inventerons une musique pour les yeux
un cœur n'est jamais vieux
quand il ne se débat plus
et nos oreilles verront
que les hormones de la fureur
ne tairont jamais le silence
de la grâce et de l'innocence

tout est gratuit et indifférent
mais ne soyons en aucun temps hostiles
au rien qui émeut notre ignorance
je suis toujours là où mon enfance
a été tuée et puis est renée avec la tienne
avec un an neuf un peu de vin
et la passion d'être encore

aussi inutile que la beauté
José

ma richesse s'appelle
saumon
ma maison s'appelle
caribou
mon feu s'appelle
épinette noire
mon canot s'appelle
bouleau
ma robe s'appelle
lichen
ma coiffe s'appelle
aigle
mon chant s'appelle
tambour
moi je m'appelle
humain

Joséphine

seul le vent peut faire voler la poussière
laissez le ciel nous alléger de notre Terre
négligez les ordres des humains
écartez le temps carnivore
ouvrez la nuit interstellaire

si l'œil reçoit
il sait donner
de la beauté à la mort
le courage du rien
et l'anarchie de la lumière

José

APRÈS TOUT

je suis là
sans pouvoir

une absence coupable
pourtant je te sais ici

un silence rejoint
nos solitudes habitées

par un vacarme
où nous ne sommes plus

invités

*José
Joséphine*

POSTFACE

Développement sauvage

Un beau mot, *sauvage*... Il serait intéressant de suivre l'évolution de sa charge sémantique à travers notre littérature, des *Relations* des Jésuites au *Je suis une maudite sauvagesse* de madame An Antane Kapesh, en passant par le François Paradis de *Maria Chapdelaine* «... jamais eu de trouble avec les sauvages» et le bon vieux *Survenant* : «Parle donc le langage d'un homme, Survenant. T'es pas avec tes sauvages par icitte : t'es parmi le monde!» Si les relations humaines étaient régies par la seule poésie plutôt que par les rapports de force politiques, le sauvage se donnerait à lire tel que nous le rendent aujourd'hui Joséphine Bacon et José Acquelin : positivement connoté, de nouveau vierge et généreux, car libéré de la grandiose illusion civilisatrice comme du fieffé zèle des bons pères.

Enfin libre, ce mot sauvage, de signifier tout ce qui peut maintenant contribuer à secouer le mépris accumulé en quelques siècles d'un amour suspect de la part de ce Bon Dieu que la Nature, dans sa superbe complexité, fait plutôt mal paraître en comparaison. Le sauvage était maudit parce qu'il n'avait pas d'âme. Récollets, robes noires, sulpiciens, franciscains, toutes ces prêtrailles avec leur conception étriquée d'une âme prêtée et enfermée en lieu sûr, ne pouvaient pas comprendre que l'âme du sauvage, c'est le monde.

Bien avant que le Québec ne revête ses nouveaux habits laïcs, le sauvage s'était converti, devenant même assez souvent plus catholique que le pape. Son vice prit alors deux visages : culturel et économique. Le nomadisme devint le péché capital du sauvage contre la civilisation, sa bougeotte saisonnière, un outrage à la culture dominante massée autour du centre commercial. Il fallut de toute urgence bricoler à ces gens quelques cabanes préfabriquées et leur inculquer le sentiment de la propriété, ne serait-ce que pour les empêcher d'aller effaroucher le gibier des clubs privés où les maîtres politiques du temps recevaient leurs maîtres à eux, représentants du grand capital. Dans l'œil du Blanc, la culture du sauvage se résuma bientôt à quelques gossages d'écorce et de babiche, son économie au chômage assisté.

Camping sauvage. Territoire sauvage. Animal sauvage. Un vrai sauvage. Maudit sauvage. Appliqué aux choses et aux bêtes, *sauvage* pouvait revêtir un sens plus ou moins positif. Les Sauvages étaient devenus des Indiens, les Indiens des Amérindiens, les Amérindiens des Autochtones. La rectitude politique, quand elle s'en tient ainsi à la lettre des choses, est presque toujours l'exact contraire de la poésie. Dans le parc du Bic, on peut, au détour d'un sentier, tomber en arrêt devant cette inscription sur un écriteau : *Anse-aux-Amérindiens (Anse-aux-Sauvages)*. C'est non seulement l'histoire, mais aussi la poésie que ces parenthèses se trouvent à enfermer. L'histoire des peuples, la poésie d'un mot : une double parenthèse.

Parfois, au fil de l'histoire, un mot peut donner l'impression de se réapproprier lui-même à travers ceux qu'il désigne. Et on l'entend soudain qui s'avance, nu dans la plénitude de son expression, toute intention péjorative, toute tentative d'autocensure pulvérisées en beauté par l'explosion sémantique assumée de la langue poétique. C'est arrivé au *nègre* de Césaire. Le locuteur en réenracinant sa langue triomphe du sens convenu. Le sauvage ressourcé osé par José et Joséphine est de la même veine. Même encre, même eau de vie.

l'accusation brève culpabilise
le sauvage que nous sommes

écrivent-ils dans «Avant nous», le poème qu'ils cosignent en guise d'introduction. Arrêtons-nous un peu au sens précis, à la syntaxe : *le sauvage que nous sommes*. Nous n'avons pas affaire, dans ce livre, malgré les apparences, à une simple suite de poèmes croisés. On pourrait d'ailleurs se demander à quoi rimerait une telle démarche : une vraie correspondance dans le registre poétique est-elle seulement possible ? Il n'y a pas, ici, d'échange au sens strict, dynamique du terme, et si les textes se répondent, c'est presque toujours indirectement, chacun dans son style, sur des ponts qu'il revient en grande partie au lecteur de tisser. En fait, Acquelin et Bacon se compléteraient plutôt, faits pour s'attirer comme les contraires que leurs écritures paraissent poursuivre séparément : la pensée ludique et l'amour du paradoxe de l'un ; la pensée traditionnelle, l'appel aux esprits de l'une. La sophistication étudiée et souriante de l'un ; la simplicité sans fard, pleine d'aplomb et proche du haïku, de l'une. Soleil-Lune. Le Yin et le Yang.

Cette complémentarité offre peut-être une clef de ce recueil, ce n'est pas la seule. Car au-delà des apparences, ce qu'on a ici, ce n'est pas un poète blanc qui s'invente, à travers sa complice, une identité néo-sauvage fantasmée sous les traits d'un certain Joë two-spirits, «innu inouï». Ce n'est pas seulement le dialogue d'un *would-be* de lointaine ascendance nord-africaine et d'une vraie de vraie sauvagesse nord-côtière maintenant citadinisée. Les mots, à l'heure de renouer les vieux métissages, ne sauraient mentir, et si la langue fourche ici, c'est à la manière d'un chemin : il y en avait un, maintenant il y en a deux. Faire demi-tour, inverser la marche, cheminer en sens contraire de l'histoire est toujours du domaine du possible et c'est même ça, le plus beau : « Le sauvage que nous sommes. » Ils étaient deux, ils ne font plus qu'un.

Ce qui veut dire qu'ils ont, dans leurs mots, traversé le miroir aux apparences pour mieux faire oublier celui des pacotilles commerçantes de nos glorieux découvreurs. Dans la glace brisée que les premiers habitants de ce continent nous tendaient à l'arrivée, ils se sont reconnus.

Pourquoi donc, alors, un poète québécois et une poétesse innue pourraient-ils vouloir croiser leurs écritures et publier un recueil commun ? Pour le comprendre, il faut peut-être rattacher le phénomène à la postérité de *Aimititau! Parlons-nous!*, dirigé par Laure Morali (Mémoire d'encrier, 2008). Cette expérience d'écritures croisées a donné lieu à au moins une autre aventure éditoriale du même genre : *Uashtessiu / Lumière d'automne,* de Rita Mestokosho et Jean Désy (Mémoire d'encrier, 2010). Les deux cas présentent quelques similarités : un poète québécois et une poétesse innue se sont appariés.

Se pourrait-il alors que dans cette parole plus que jamais à prendre comme, jadis, dans la conquête physique du territoire, une tête puisse avoir besoin de l'autre ? Et que les pensées se complètent ?

Deux plumes et tous ces mots dits, pour combien de sauvages ?

Louis Hamelin

Mémoire d'encrier remercie l'artiste innu Ernest Dominique d'avoir
offert trois dessins pour accompagner les poèmes.

Les auteurs remercient le Bureau des arts autochtones du Conseil des Arts du
Canada pour son soutien à l'écriture de ce livre.

Mémoire d'encrier reconnaît l'aide financière
du Gouvernement du Canada
par l'entremise du Conseil des Arts du Canada,
du Fonds du livre du Canada
et du Gouvernement du Québec
par le Programme de crédit d'impôt pour l'édition
de livres, Gestion Sodec.

Mémoire d'encrier est diffusée et distribuée par :
Harmonia Mundi livre : Europe
Diffusion Gallimard : Canada
Communication Plus : Haïti

Dépôt légal : 1er trimestre 2011
© 2011 Éditions Mémoire d'encrier inc.
Tous droits réservés

ISBN 978-2-923713-50-2
PS8551.C68Z48 2011   C841'.54   C2011-940283-1
PS9551.C68Z48 2011

Image de couverture : *Ishkuess*, Ernest Dominique
Dessins de l'intérieur (fusain et crayon) : *Vision* (p. 23), *Nomade* (p. 45),
Julia (p. 66), Ernest Dominique.
Correction de l'innu-aïmun : Yvette Mollen de l'Institut Tshakapesh
Mise en page : Virginie Turcotte
Maquette de couverture : Étienne Bienvenu

MÉMOIRE D'ENCRIER

1260, rue Bélanger, bur. 201 • Montréal • Québec • H2S 1H9
Tél. : 514 989 1491
info@memoiredencrier.com • www.memoiredencrier.com

L'OUVRAGE *NOUS SOMMES TOUS DES SAUVAGES*
DE JOSÉ ACQUELIN ET JOSÉPHINE BACON
EST COMPOSÉ EN ADOBE GARAMONT PRO CORPS 12/14.

IL EST IMPRIMÉ SUR DU PAPIER ENVIRO 100,
CONTENANT 100%
DE FIBRES RECYCLÉES POSTCONSOMMATION
EN NOVEMBRE 2020
AU QUÉBEC (CANADA)
PAR IMPRIMERIE GAUVIN
POUR LE COMPTE DES ÉDITIONS MÉMOIRE D'ENCRIER INC.